BEI GRIN MACHT SICH IHF WISSEN BEZAHLT

- Wir veröffentlichen Ihre Hausarbeit, Bachelor- und Masterarbeit

- Ihr eigenes eBook und Buch - weltweit in allen wichtigen Shops

- Verdienen Sie an jedem Verkauf

Jetzt bei www.GRIN.com hochladen und kostenlos publizieren

Bibliografische Information der Deutschen Nationalbibliothek:

Die Deutsche Bibliothek verzeichnet diese Publikation in der Deutschen National-
bibliografie; detaillierte bibliografische Daten sind im Internet über http://dnb.d-
nb.de/ abrufbar.

Impressum:

Copyright © 2006 GRIN Verlag, Open Publishing GmbH
Druck und Bindung: Books on Demand GmbH, Norderstedt Germany
ISBN: 9783638661447

Dieses Buch bei GRIN:

http://www.grin.com/de/e-book/51107/viral-marketing-eine-effektive-und-kosten-
guenstige-alternative-im-marketing-mix

André Kemper

Viral Marketing. Eine effektive und kostengünstige Alternative im Marketing-Mix für Unternehmen

GRIN Verlag

GRIN - Your knowledge has value

Der GRIN Verlag publiziert seit 1998 wissenschaftliche Arbeiten von Studenten, Hochschullehrern und anderen Akademikern als eBook und gedrucktes Buch. Die Verlagswebsite www.grin.com ist die ideale Plattform zur Veröffentlichung von Hausarbeiten, Abschlussarbeiten, wissenschaftlichen Aufsätzen, Dissertationen und Fachbüchern.

Besuchen Sie uns im Internet:

http://www.grin.com/

http://www.facebook.com/grincom

http://www.twitter.com/grin_com

Strategien und Instrumente des Online-Marketing

Thema Nr. 3

Viral-Marketing –
Eine effektive und kostengünstige Alternative im Marketing-Mix für
Unternehmen?

André Kemper

Betriebswirtschaftslehre

9. Fachsemester

im Fachbereich Wirtschaftswissenschaften

der Universität Duisburg-Essen

-Fachgebiet E-Business und E-Entrepreneurship-

Inhaltsverzeichnis

Abbildungsverzeichnis

Abkürzungsverzeichnis

Bsp.   Beispiel

bzw.   beziehungsweise

Def.   Definition

GfK   Gesellschaft für Konsumforschung

i.d.R.   in der Regel

u.a.   und andere

z.B.   zum Beispiel

1. Vom (klassischen) Marketing zum Online-Marketing

Diese Seminararbeit behandelt das Thema „Viral-Marketing" als eines der Instrumente des Online-Marketing. Zu Beginn soll der Weg aufgezeichnet werden, den das Marketing vom klassischen Begriff zum Online-Marketing durchlaufen ist. Anschließend folgt ein historischer Abriss der Entstehung des „Viral-Marketing". Danach wird dieser Ausdruck definiert und abgegrenzt. Im Hinblick auf Effektivität und Kostengünstigkeit dieses Instrumentes für Unternehmen werden dann Voraussetzungen, Formen und Ziele einer Werbe-Kampagne mit Hilfe des „Viral-Marketing" erläutert. Zur Veranschaulichung schließt diese Arbeit mit zwei case studies sowie einer Zusammenfassung und einem kleinen Ausblick.

1.1   Der klassische Begriff des Marketing

Wirtschaften liegt seit jeher in der Natur des Menschen. „Für die Urformen des Wirtschaftens ist charakteristisch, dass der einzelne Mensch und die Sippe ausschließlich für den eigenen Bedarf produzieren bzw. Dienste verrichten."[1] Es ging dem Menschen dabei zu Beginn der Menschheit nicht um absatz-wirtschaftliche, für ihn rentable Prozesse, sondern einzig und allein um sein eigenes Überleben.

Erst durch die Industrialisierung im 18./19. Jahrhundert wandelte sich das Denken durch die Spezialisierung und Erhöhung der Komplexität dahingehend, dass der Mensch begann nicht mehr nur seine eigenen Bedürfnisse zu befriedigen, sondern auch die seiner Mitmenschen, um so seinen eigenen Wohlstand zu erhöhen. Man musste auch die fremden Bedürfnisse kennen(-lernen) und sein Angebot, sowohl in Menge als auch im Preis, darauf abstimmen, um seine Überkapazitäten veräußern zu können. Das Marketing begann sich zu entwickeln.

---

1 Nieschlag (1994), S. 3

Die Entstehung geht wage in den Zeitraum zwischen 1905 und 1920 zurück, wo der Begriff zuerst an amerikanischen Universitäten verwendet worden sein soll. In Deutschland sprach man bis ca. 1960 von der Absatzwirtschaft an Stelle des Marketing.

Da die Käuferseite immer mehr an Macht erlangte, wurde Viral-Marketing immer wichtiger. Konnte vorher der Verkäufer Preise und Konditionen frei bestimmen, war es dem Käufer nun möglich aufgrund der immensen Angebotszahl seine Entscheidung über Annahme oder Ablehnung unabhängig zu treffen!

Marketing ist also im Allgemeinen zu beschreiben als „die Beeinflussung potentieller und tatsächlicher Marktteilnehmer (insbesondere Kunden, Konkurrenten, Distributionsmittler) mittels strategischer und operativer Aktivitäten, um so marktgerichtete Ziele zu erreichen."[2]

1.2 Der Faktor Information als Revolutionär

Diese marktgerichteten Ziele, die verfolgt werden, sind vor allem in den vier traditionellen Wettbewerbsfaktoren zu sehen[3].

- *Faktor Kosten ("costs")*

  Unternehmen wollen Kostenführerschaft erreichen, also im Markt am kostengünstigsten produzieren. Können sie diesen Vorteil an die Kunden weitergeben, dann besteht zu dem die Möglichkeit der Preisführerschaft.

- *Faktor Qualität/Service ("quality"/"service")*

  Unternehmen probieren, das Angebot so zu produzieren, dass die Qualität und der Service den Nachfrager befriedigen.

---

2 Hünerberg (1996), S. 19
3 Vgl. Weiber/Kollmann (1998), S. 608

- *Faktor Flexibilität ("flexibility")*

Wenn Unternehmen in wichtigen Produktmerkmalen kundenspezifische Unterscheidungen treffen können, dann erlangen sie Bedarfsführerschaft.

- *Faktor Zeit ("time")*

Um Verfügbarkeitsführerschaft zu erreichen, ist es notwendig, dass das Produkt zur richtigen Zeit am richtigen Ort angeboten wird.

Diese vier Wettbewerbsfaktoren reichen für ein Unternehmen in der heutigen Zeit alleine nicht mehr aus. „Spätestens seit Beginn der 90er Jahre induziert eine innovative Informationstechnik, insbesondere über Möglichkeiten einer Digitalisierung von Information und Vernetzung von Computern, einen Strukturwandel im gesellschaftlichen und wirtschaftlichen Bereich"[4].

Durch die Entwicklung der Informationstechnik (Rechnerleistung, Datentransfer) und der Informationstechnologie (Internet, Mobilfunk, Interactive Television) entwickelt sich die Gesellschaft immer mehr zu einer Informationsgesellschaft. Früher war der Faktor Information nur Mittel zum Zweck der Realisierung der Wettbewerbsvorteile, nun wird er aber zu einem neuen, eigenen Wettbewerbsvorteil.

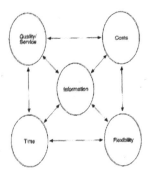

Abbildung 1: Die vier traditionellen Wettbewerbsfaktoren ergänzt um den Faktor „Information"[5]

---

4 Kollmann (2004), S. 5
5 Weiber/Kollmann (1998), S. 608

1.3 Online-Marketing

Die Entwicklung der Faktoren Information und Internet ermöglichte es nun, dass sich das Marketing mit seiner klassischen Basis auf eine ganz neue, innovative Ebene bewegte. Zu Beginn, also um 1950, nur an der Distribution orientierend, folgte im weiteren Verlauf der 80er Jahre die Einbindung als strategisches Instrument in der Unternehmensführung. Aber mit dem Internet als ein nahezu unausschöpfbares Netzwerk von Beziehungen, liegt der Anspruch seit ca. 2000 in einem individuellen, vernetzten Beziehungs-marketing.

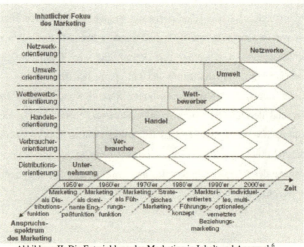

Abbildung II: Die Entwicklung des Marketing in Inhalt und Anspruch[6]

Der Grund dieser Entwicklung liegt auf der Hand. Die Unternehmen sahen die Vorteile der Kostensenkung, der leichten Zugangsmöglichkeit und der anwachsenden Erreichbarkeit von potentiellen Kunden, woraufhin neben dem klassischen Marketing das Online-Marketing entstand. Dieser neue Begriff „umfasst die Gesamtheit aller Marketing-Maßnahmen, die mit dem Internet und/oder den kommerziellen Online-Diensten, die über eigene Netze verfügen (z.B. AOL, T-Online), geplant und realisiert werden."[7]

---

6 Meffert (2005), S. 5
7 Fritz (2004), S. 26

Im Internet ist es für Unternehmen leichter, Informationen und Werbung einfach und schnell an den Kunden zu verteilen. Aber auch hier stellt sich die Frage, ob diese Möglichkeit effizient und preiswert genug ist, damit ein angemessenes Kosten-Nutzen-Verhältnis erreicht wird.

„Mit dem Aufkommen des Internets haben sich neue Formen der Werbung wie Bannerwerbung und Online-Werbespots herausgebildet, die zwar oftmals eine höhere Aufmerksamkeit erreichen können, insbesondere relativ zu ihren Kosten, aber auch bereits Sättigungstendenzen bei den Konsumenten beobachten lassen."[8] Diese Sättigungstendenzen resultieren oftmals aus Reizüberflutungen und Gewohnheit, dieser Art von Werbung im Internet zu begegnen. Die Glaubwürdigkeit der Menschen wird dadurch aber nicht erreicht, denn sie vertrauen immer noch mehr den persönlichen Erfahrungen eines Bekannten oder Freundes, als einer professionell gestalteten Werbebotschaft.

„We live in a world where consumers actively resist marketing. So it's imperative to stop marketing *at* people. The idea is to create an environment where consumers will market to each other. "(Godin, Seth)[9]

Vor diesem Hintergrund erlebte die Mund-zu-Mund-Propaganda, die wahrscheinlich älteste Marketingform, in den letzten Jahren ihre „Wiedergeburt". Unternehmen setzten immer mehr auf Empfehlungen von zufriedenen Kunden als ein Marketingmedium.

---

8 Riemer/Totz (2005)
9 Godin (2000), S. 14

2. Viral-Marketing

Mit Hilfe der Internet-Kommunikation entstand somit der Begriff „Viral-Marketing", gleichbedeutend mit virtueller Mund-zu-Mund-Propaganda, der nun im Folgenden beschrieben und kritisch hinterfragt werden soll.

2.1 Historische Entwicklung

Das Viral-Marketing entwickelte sich über die Zeit hinweg aus zwei anderen, sehr bekannten Marketinginstrumenten.

Zum einen entstand es aus dem Guerilla-Marketing. "Guerilla (spanisch Kleinkrieg) entspricht in der französischen Sprache dem Begriff Partisanen, und heißt übersetzt irreguläre Kämpfer, die in Feindesgebiet den Nachschub stören".[10] Guerillas haben früher den offenen Kampf gemieden und ihre Aktionen von abgelegenen Orten ausgeführt. Flexibilität und Überraschungs-angriffe waren ihre Spezialität. Daraus entstanden die Guerillataktiken, die bis heute vor allem durch Anwendung in Kriegen und Aufständen bekannt sind. Guerilla Marketing wurde Mitte der sechziger Jahre in den USA geprägt. Hier wurden im Wandel vom Verkäufer- zum Käufermarkt Strategien gesucht, die auf Einfallsreichtum, Unkonventionalität und Flexibilität basierten. Dieses Instrument wurde aber anfangs nicht zum eigenen Marketingzweck genutzt, sondern eher dazu, die Marketingbemühungen des konkurrierenden Unternehmens einzudämmen oder gar zu verhindern. Ungefähr im Jahre 1986 entwickelten dann die Marketing Experten Al Ries und Jack Trout die drei Hauptprinzipien eines konstruktiven und in der eigenen Unternehmung eingesetzten Guerilla-Marketings. Hierzu zählten: Eine Marktnische ausfindig zu machen und zu verteidigen, eine schlanke Organisationsstruktur und eine hohe Flexibilität. Diese Merkmale unterstützten kleine, mittelständische Unternehmen im Wettbewerb. Guerilla-Marketing, wie es heute zu sehen ist, zielt mehr auf einmalige, medienwirksame Werbe-Aktionen ab.

---

10 o.V. (2005)

Das zweite Instrumentarium, aus dem das „Viral-Marketing" entstand, ist die bei allen Menschen bekannte und täglich genutzte Mund-zu-Mund-Propaganda. Der Mensch benutzt dieses Marketing-Instrument seit jeher. Es ist ein natürliches Bedürfnis, sich mitteilen zu wollen; sei es, um von alten Kriegsgeschichten oder von Produkterfahrungen zu berichten.

Nun ist zu erkennen, dass der Begriff „Viral-Marketing" als Methode des Marketing schon lange Bestand hat. Aber erst durch die Verschmelzung der beiden Einflussfaktoren, also des Guerilla-Marketing und der Mund-zu-Mund-Propaganda, und in Verbindung mit der Entstehung des Internets bzw. der Net Economy[11] ist das „Viral-Marketing" entstanden.

Die Thematik des „Viral-Marketing" wird in der deutschen Literatur erst seit wenigen Jahren behandelt. Aus diesem Grund soll der Begriff im nächsten Abschnitt näher erläutert werden.

2.2 Begriff

In der heutigen Zeit ist festzustellen, dass Werbung wegen ihrer Masse immer ineffizienter wird und somit in einem schlechten Kosten-Nutzen-Verhältnis für die Unternehmen steht. Viele Werbebotschaften werden von Kunden nicht angenommen und gleichzeitig wird aber viel Geld in neue Kampagnen gesteckt. Somit führte der Weg wieder zurück zur klassischen Mund-zu-Mund-Propaganda mit der Erweiterung der Internet-Kommunikation, aus den Gründen, dass die Kosten erheblich sinken und das natürliche Bedürfnis des Menschen, sich mitteilen zu wollen, effektiver ausgenutzt werden kann.

---

11 Definition nach: Wirtz, Bernd W. (2002)

Def. : Net Economy = (Vernetzte Wirtschaft, Internet Economy) Bezeichnung für die Wirtschaft im Informationszeitalter, bei der deutlich gemacht werden soll, dass die Präsenz im Internet buchstäblich überlebenswichtig für jedes Unternehmen in jeder Branche sein wird. Grundlage für ein Unternehmen wird nicht mehr die klassische Wertschöpfungskette sein, sondern ein multidimensionales Netzwerk, in dem Hersteller und Lieferanten, Dienstleister und Kunden, wechselseitig, in durchaus wechselnden Rollen und Funktionen miteinander verbunden sind. Der Grad der Vernetzung wird damit zum primären wirtschaftlichen Wertmaßstab der Net Economy. (S. 169)

Auf diesem Prinzip basiert nun das „Viral-Marketing"(Synonyme: Buzz-Marketing, Internet Word-of-Mouth, Guerilla-Marketing, Aggregation-Marketing)

Nachfolgend werden zwei bekannte Definitionen wiedergegeben:

„Think of a virus as the ultimate marketing program. When it comes to getting a message out with little time, minimal budget and maximum effect, nothing on earth beats a virus. " (Rayport 1996)

„Viral-Marketing beschreibt Strategien, die eine Person dazu motivieren, eine Marketingbotschaft an andere Personen weiterzuleiten. Auf diese Weise wird das Potential für ein exponentielles Wachstum in der Ausbreitung und im Einfluss der Botschaft geschaffen." (Wilson 2000)

In der Literatur liegen viele Definitionen des Begriffes mit unterschiedlichen Ausprägungen vor, doch zwei Aspekte tauchen immer wieder auf. Zum einen ist dies der Begriff „viral": „Der Term Viral verdankt seinen Namen einer Assoziation aus der Medizin. Wie ein Virus sollen sich Informationen über ein Produkt oder eine Dienstleistung innerhalb kürzester Zeit von Mensch zu Mensch verbreiten."[12] Zum anderen wird von der Informationsverbreitung derart gesprochen, „dass sich Informationen, die an bestimmten Stellen des Netzes strategisch positioniert werden, multiplikativ ohne zusätzliche Kosten fortpflanzen".[13]

Führt man nun die geläufigsten Definitionen zusammen lässt sich Viral-Marketing erklären als:

Ein innovatives Konzept mit dem sich, aufbauend auf der klassischen Mund-zu-Mund-Propaganda, Informationen durch den Kunden exponentiell und mit minimalen bis gar keinen Kosten verbreiten lassen.

---

12 Langner (2005), S. 25
13 Kollmann (2002), S. 902

2.3 Mund-zu-Mund-Propaganda versus Viral-Marketing

Das Viral-Marketing als Onlinevariante der Mund-zu-Mund-Propaganda unterscheidet sich aber in vielen Punkten von dieser Urform des Marketings. Beim Word-of-Mouth verbreiten sich Informationen eher langsam und verbal. Demgegenüber stehen beim Viral-Marketing ein exponentielles Wachstum und eine sowohl verbale, aber vor allem auch visuelle Verbreitung. Bei der klassischen Variante muss der Empfänger anwesend sein, damit ist er in der Regel aufmerksam und interagiert mit dem Sender. Online dagegen ist eine persönliche Anwesenheit nicht vorausgesetzt, denn der Empfänger ist durch das Internet (Bsp.: E-Mail) sowieso 24 Stunden am Tag, sieben Tage die Woche erreichbar. Interaktion ist hier aber nur in einem geringeren Maße möglich! Diese Barriere wird aber bereits durch weiterentwickelte Kommunikationsinstrumente (z.B.: Internet-Telefonie) aufgebrochen.

Ein großer Vorteil des Viral-Marketing liegt in der unendlichen, meist kostenlosen Kopierbarkeit der Informationen. Bei der Mund-zu-Mund-Propaganda muss dabei erst wieder ein persönlicher Kontakt aufgenommen werden.[14]

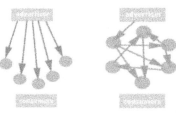

Abbildung III: Traditionelles Marketing vs. Viral-Marketing[15]

Die Effektivität des Viral-Marketing im Gegensatz zur Mund-zu-Mund-Propaganda liegt darin, dass der Kommunikator die Information nur einmal weitergeben muss, die weitere Werbung erledigt der Konsument.

---

14 Vgl. Riemer/Totz (2005)
15 Godin (2000), S. 18 f.

2.4 Voraussetzungen für eine Kampagne im Viral-Marketing

Nun ist aber nicht jede Werbekampagne dem Modebegriff Viral-Marketing zuzuordnen. Damit etwas als „viral" bezeichnet werden kann, müssen ein paar wesentliche Kernelemente erfüllt sein, die im Folgenden näher erläutert werden.

2.4.1 Das Kampagnengut

„Nur wer etwas bietet, worüber sich das Reden lohnt, kann mit seiner Kampagne erfolgreich sein."[16]

Mit dem angebotenen Gut soll bei potenziellen Kunden ein Anreiz geschaffen werden, damit diese die tatsächlichen Leistungen des Unternehmens in Anspruch nehmen. Wichtige Faktoren sind hier vor allem ein hoher Unterhaltungs- und Nutzenwert. Der Mensch erzählt gerne über Angelegenheiten, die mit Spaß verbunden sind, oder auch solche, die ihm und eventuell anderen einen hohen Nutzen einbringen.

Das bereitgestellte Gut sollte in jedem Fall neu und einzigartig sein. Denn niemand wird etwas weiterempfehlen, von dem er weiß, dass viele andere Menschen darüber schon Kenntnis erlangt haben.

Damit etwas zum Virus wird sollte es auch keine Kosten für den Kunden verursachen, da dieser es sonst nicht nutzen oder weiterempfehlen/-geben wird.

Das Kampagnengut muss aber auch durch eine einfache Übertragbarkeit überzeugen. Niemanden erfreut es, wenn er eine E-Mail mit einer großen Datei im Anhang lange auf seinen lokalen PC laden muss. Dieser negative Effekt wird aber in Zukunft weniger relevant sein, da es immer mehr Menschen möglich sein wird, durch sinkende Preise und breitere Verfügbarkeit, einen Internetzugang mit einer schnellen Breitbandverbindung zu nutzen.

---

16 Langner (2005), S. 36

2.4.2 Rahmenbedingungen und Weiterempfehlungsanreize

Kennzeichen einer viralen Kampagne ist die Nutzung bestehender Kommunikationsnetze und Verhaltensmuster. „Der Zielgruppe muss es leicht fallen, sich über das Kampagnengut auszutauschen und jeder einzelne muss sich im Empfehlungsprozess wohl fühlen."[17] Menschen benutzen i.d.R. immer dieselben Kommunikationswege (Telefon, E-Mail, Post) mit immer derselben Verhaltensweise. Der Grund liegt dabei in den festgesetzten Schemata der menschlichen Kommunikation.

Ein weiterer Aspekt einer Kampagne ist die Verfügbarkeit. Das Viral-Marketing kennzeichnet sich dadurch aus, dass in kürzester Zeit viele Menschen erreicht werden. Das bedeutet aber für die Unternehmen, dass sie sich möglichst auf eine exponentielle Nachfrage einstellen. Das Gut muss im Distributionskanal in ausreichender Zahl verfügbar sein und sollte es sich dabei um ein digitales Produkt handeln, so muss eine starke Serverbelastung beim Download einkalkuliert werden.

Hegt das Unternehmen Bedenken, dass eine Kampagne nicht genügend Anreize liefert, um weiterempfohlen zu werden, kann es Prämien für die Empfehlungsarbeit anbieten. Diese Belohnung sollte im Zusammenhang mit dem eigenen Unternehmen stehen und einen gewissen Wert für den Sender bieten. Beispiele wären hier kostenlose Boni (z.B. kleinere Produkte aus dem eigenen Sortiment), Rabattgutscheine oder Gewinnspiele. Hierdurch kann gleichzeitig das gesamte Sortiment des Unternehmens effektiv publik gemacht werden.

Man erkennt nun sehr leicht, dass eine virale Kampagne nicht ohne vorherige strategische Überlegungen gestartet werden kann. Ein Unternehmen hat im Vorfeld die oben genannten Punkte zu beachten, damit ihre Kampagne nicht zu einer „Eintagsfliege" degradiert wird.

---

17 ebenda, S. 44

2.5 Elemente und Formen

Damit der Virus sich ausbreiten kann, muss das Unternehmen dem Prozess der automatischen Weiterleitung der Werbebotschaft selbst den Anstoß geben. Da der Kunde die weitere Werbung des Kampagnengutes übernimmt, lassen sich die Formen des Viral-Marketing wie folgt in zwei Bereiche teilen:[18]

Zum einen gibt es die aktive Variante der Konsumentenbeteiligung. Hierbei wird der Kunde aktiv in die Verbreitung des Marketing-Virus mit einbezogen. Dies ist die natürlichste Form der Informationsverbreitung bzw. Neukundengewinnung, und somit eng anliegend an der klassischen Mund-zu-Mund-Propaganda.

Die zweite Variante ist das „Frictionless Viral-Marketing". Die Rolle des Kunden ist hier eher passiv zu sehen. Die Information über ein Angebot wird nur dadurch verbreitet, in dem der Kunde das Angebot selber nutzt.

Darauf aufbauend lassen sich sechs Formen unterscheiden, die einem Unternehmen helfen, den Virus zu verbreiten.[19]

Ein bewährtes Mittel ist der Eintrag in *Suchmaschinen*. Denn für einen Internet-User sind sie bei der Suche nach einem Angebot oder einer Homepage die erste Anlaufstelle. Unternehmen können ihre Internetpräsenz selbst registrieren, um so eigene Suchbegriffe, die auf die Seite führen sollen eigens bestimmen zu können. Wer es lieber einfacher mag, kann sich auch von den Anbietern automatisch registrieren lassen. Des Weiteren werden auch Premium-Dienste angeboten, um in einem Suchergebnis an erster Stelle oder fest verlinkt am Rand der Seite zu stehen. Ein hierzu gutes Beispiel ist die Werbemöglichkeit bei google.de. Das selbst angebotene Werbesystem nennt sich Google AdWords. Nach einer Anmeldung auf google.adwords.de muss der User nur geeignete Schlüsselwörter setzen und kann dann noch einen kleinen Text für die Werbung erstellen. Danach erscheint die eigene Werbung

---

18 Vgl. Riemer/Totz (2005)
19 Vgl. Kollmann (2001), S. 63-65

auf jeglichen Partner-Seiten von google.de sowie natürlich auf der Google Suchseite, aber natürlich nur, wenn ein Besucher hier auch nach einem entsprechenden Schlüsselwort sucht! Dem Besucher ist in der Regel aber verständlich, dass es sich dabei auch wirklich um Werbung handelt, was auf den ersten Blick als Nachteil zu sehen ist. Doch die hohen Klickraten, die dieser Werbetyp herbeiführt, verdeutlichen das Gegenteil. Zu zahlen hat der Nutzer dieses Dienstes einen von ihm selbst bestimmten Preis pro Klick. Diesen multipliziert mit der Klickrate ergibt die Position, die die eigene Anzeige bei Google erlangt. Zu beachten ist bei diesem Beispiel die Gefahr der Manipulation durch z.B. Pagejacking und Keyword Stuffing[20].Aber diese Möglichkeiten entsprechen meines Erachtens nicht dem ursprünglichen Gedanken des Viral-Marketing, nämlich dass die Verbreitung kostenlos geschieht. Ansonsten ist dieses Instrument für Unternehmen ein „must-have", da nahezu keine Kosten entstehen und nur ein Minimum an Zeit benötigt wird. Außerdem wird die genaue Zielgruppe angesprochen, somit besteht eine hohe Wahrscheinlichkeit, dass man für das bezahlte Werbegeld auch Produkte verkauft.

Eine weitere, sehr ähnliche Alternative ist die *Eintragung in Linklisten*. Der Vorteil gegenüber den Suchmaschinen liegt darin, dass Linklisten meist nach einzelnen Branchen sortiert durchsucht werden können und somit Kunden zielgerichteter angesprochen werden. Auch dieser Dienst ist größtenteils kostenlos und nimmt nicht viel mehr Zeit in Anspruch. Ein Problem könnte aber noch sein, dass viele Internet-User zurzeit eher selten in Linklisten oder Branchenverzeichnissen suchen, sondern die klassische Suchmaschine bevorzugen.

---

20 Vgl. Beschreibungen von http://www.linksandlaw.de

Pagejacking = Eine optimierte Webseite wird als Kopie genutzt und der eigentlichen Seite vorgeschaltet. Die Kopie bekommt der User meist nicht zu sehen, da man direkt auf die relevante Seite weiterverlinkt wird.

Keyword Stuffing = Verwendung von vielen Schlüsselwörter oder unzutreffenden Beschreibungen einer Webseite, um so in ein hohes Ranking zu gelangen.

Ein bei Usern sehr beliebtes Instrument ist das *Anbieten von kostenlosen Leistungen.* „Free is the most powerful word in a marketer's vocabulary"[21]. Die Angebote in diesem Bereich sind sehr vielfältig, wie z.B. kostenlos.de. Beliebt sind zeitbegrenzte Demoprogramme bzw. Beta-Versionen, die so getestet werden und bei Gefallen dann erworben werden können. Meist werden für User, die bei der Entwicklung stark beteiligt waren, also so genannte Bugs (Fehler) melden, besondere Angebote gemacht. Kommt ein Produkt dann auf den Markt, erhalten ausgesuchte Nutzer das Programm kostenlos als Download, andere nicht so eifrige User erhalten einen Rabattgutschein, mit dem sie die Endversion meist sehr günstig erstehen können. Der Kunde hilft bei der Überprüfung des Programms im Alltagstest, und er wird es dann sowohl erwerben als auch weiterempfehlen wollen. Im Gegensatz dazu besteht bei dem Kunden aber auch ein Nutzenvorteil in der oben genannten Variante durch Rabatte und Gratisangebote. Weitere Beispiele wären hier kleine Spiele (wer erinnert sich nicht an das legendäre Moorhuhnspiel, der aber mittlerweile insolventen phenomedia AG, Bochum), Free- und Sharewareprogramme[22], Videos oder auch Bildschirmschoner mit dem Logo des eigenen Unternehmens. Kosten entstehen dem Unternehmen hier zwar, sind aber, nach herrschender Meinung, im Nutzenverhältnis eher als gering einzuschätzen. Auch der Zeitaufwand hält sich in Grenzen, liegt aber vor allem vor der Ausbreitung des Virus. Sollte das Unternehmen an dieser Stelle aber im Hinblick auf das angebotene Gut zu komplex denken, könnten aus diesem zeitlichen Effekt ziemlich schnell auch indirekte Kosten entstehen.

---

21 Wilson (2000)
22 Definitionen nach: Wirtz, Bernd W. (2002)

> Def. : Freeware = Computerprogramm, dessen Nutzung bei vollem Funktionsumfang entgeltfrei gestattet ist. Dies bedeutet jedoch nicht, dass diese Software frei von Copyright ist. So sind beispielsweise in der Regel vor einer geschäftlichen Nutzung von Freeware die Nutzungsrechte einzuholen. Die Autoren von Freeware übernehmen im Allgemeinen weder eine Funktionsgarantie noch haften sie für durch die Nutzung entstandene Schäden. (S. 71)

> Def. : Shareware = Software, die von den Softwareherstellern kostenlos herausgegeben wird. Es handelt sich dabei um Testversionen, die der Benutzer für einen bestimmten Zeitraum nutzen und auch frei kopieren darf. Bei Gefallen hat dieser die Möglichkeit, sich durch das Zahlen einer Gebühr registrieren zu lassen. Ein Teil der Shareware wird nur als eingeschränkte Version zur Verfügung gestellt. In diesem Fall erhält der Nutzer erst durch das Zahlen der Gebühr die Vollversion. Erhältlich ist Shareware in der Regel über das Internet oder CD-ROMs. (S. 241)

Die klassische Variante des Viral-Marketing ist allerdings das *Anbieten von Newslettern*. Dem User wird die Möglichkeit eröffnet sich für einen Newsletter anzumelden, der seinen Interessen entspricht. Dieser wird dann in zeitlich regelmäßigen Abständen (i.d.R. einmal wöchentlich/monatlich) verschickt und enthält Informationen über das Unternehmen oder die Branche, Produkte/Dienstleistungen und auch Sonderaktionen. Hier hat der User die Wahl, ob er interessante Inhalte weiterschicken will und so Informationen verbreitet. Dies ist meiner Meinung nach ein gutes Beispiel dafür, dass Kunden die Werbung für das Unternehmen übernehmen. Besteht Interesse an Inhalten des Newsletter, kann man über einen Link direkt auf die entsprechende Seite des Anbieters gelangen. Neben den minimalen Kosten, muss das Unternehmen bei diesem Instrument nur einen geringen Zeitaufwand in Kauf nehmen, um die Newsletter zu gestalten und abzuschicken.

Eine weitere Form des Viral-Marketing besteht darin, auf der eigenen Seite die *Möglichkeit* für den User bereitzustellen, *Informationen selbst zu verschicken*. Beispiele hierfür, die immer häufiger vorzufinden sind, stellen einzelne Buttons, wie „send to a friend" oder „möchten sie diese Seite weiterempfehlen?" dar. Der User muss somit nur die E-Mail-Adresse des Empfängers eingeben und eventuell noch einen kleinen Text und schon ist der Virus im Umlauf. Weitere Beispiele sind hier die in Webseiten integrierten Suchboxen der einzelnen Anbieter oder Linkbuttons, die direkt auf das jeweilige Angebot (z.B. ein Buch) in einem Online-Shop verweisen. An dieser Stelle ist aber Vorsicht geboten, denn der Kerngedanke der kostenlosen Weitergabe von Informationen wird auch hier missbraucht! Meist bekommt der Anbieter, der den kostenlosen Link auf seine Seite setzt, vom Partner eine Prämie, für jeden User, der daraufhin auf die Seite umgeleitet wird (so genannte Affiliate-Programme). Für das Unternehmen entstehen hier Kosten für die Informationsverbreitung, denn User, die Affiliate-Programme einsetzen, werden prozentual am Umsatz beteiligt. Der Zeitaufwand ist meines Erachtens eher als geringfügig einzuschätzen.

Eine weitere für beide Seiten attraktive Möglichkeit ist die *Veranstaltung von Gewinnspielen*. „Gewinnspiele im Internet sind immer noch eine der effektivsten Möglichkeiten, um Besucher auf die eigene Webpage zu locken."[23] Das Gewinnspiel sollte dabei möglichst in einem engen Verbund mit dem Unternehmen und seinen Produkten stehen. Dann wird auch dafür gesorgt, dass sich die Werbebotschaft ausbreitet. Hier entstehen dem Unternehmen also nur Kosten für den eigentlichen Gewinn, die Bekanntmachung geschieht dabei kostenlos, zum Beispiel durch Eintragungen in Gewinnspielkataloge. Der Zeitaufwand ist meiner Meinung nach eher als gering anzusehen.

Ein Paradebeispiel für die Verbindung von Mund-zu-Mund-Propaganda und Viral-Marketing stellt aber die Möglichkeit dar, *Diskussionsforen zu leiten*. Hier kann jeder User Informationen eingeben oder vorhandene Mitteilungen beantworten. Für Unternehmen besteht natürlich die Möglichkeit, dass sich Experten mit einschalten, womit für den Nutzer ein Mehrwert entsteht.
Die Kosten sind hier nicht außer Acht zu lassen, denn Personaleinsatz und Zeitaufwand sind schon sehr hoch. Gegebenenfalls könnte die Aktualität und Glaubwürdigkeit in Frage gestellt werden. Somit ist schnelles Handeln gefragt, denn zeitliche Diskrepanzen können auch hier indirekte Kosten verursachen.

Ein zusätzliches, sich gerade noch entwickelndes Instrument ist das so genannte *Blogging*. Es handelt sich dabei um Internettagebücher, bei denen auch die Möglichkeit besteht, sofern der Autor es erlaubt, Einträge zu kommentieren. Für ein Unternehmen besteht hier die Möglichkeit erste Informationen über ein Produkt oder eine Dienstleistung in Umlauf zu bringen. Internet-User lesen dies und verlinken entweder direkt auf die Adresse des Blogs, oder verbreiten die News in Foren oder per E-Mail. Dies hat den Vorteil, dass Neuigkeiten nicht in einem Forum oder auf einer Seite stehen, wo jeder Besucher sie liest und dann vergisst. Bei einem Blog besteht der größte Reiz darin, dass Informationen meist aus erster Hand kommen.

---

23 Kollmann (2001), S. 65

In allen Varianten ist zu erkennen, dass sowohl das Kosten-Nutzen-Verhältnis als auch die Verbreitung von Informationen für Unternehmen äußerst lukrativ erscheinen. Absatz, Markenbekanntheit und/oder Marktabdeckung werden durch den Kunden erwirkt, und nur vom Unternehmen ausgelöst.

Abbildung IV: Viral-Marketing als anerkannte Marketingform in Deutschland[24]

Damit lässt sich schon die Sinn- und Vorteilhaftigkeit des Viral-Marketing im Gegensatz zu klassischen Marketing-Formen erkennen, wodurch auch der rasante Aufstieg zu erklären ist. An der obigen Abbildung ist zu erkennen, dass das Viral-Marketing immer mehr an Bedeutung gewinnt. Während in Deutschland im Jahre 2003 noch 30,5 % der befragten Werbeagenturen ein virales Konzept einsetzen wollten, sind es 2005 schon 35,5 % (bei 245 Befragungen). Somit nimmt das Viral-Marketing den zweiten Platz bei den neuen Marketingformen, hinter dem sich stark ähnelnden Guerilla-Marketing, ein!

---

24 Gfk Marktforschung AG Bereich Online Research (2005), S. 7

2.6   Ziele und Zielgruppen

Einer der wichtigsten Punkte einer viralen Kampagne ist aber, neben der gewählten Form und den zu beachtenden Grundlagen, die Bestimmung einer Zielgruppe und darauf abgestimmten Zielen. Langner unterscheidet dabei die drei wichtigsten Ziele.[25]

Die erste Möglichkeit besteht in einer Steigerung der Markenbekanntheit (Brand Awareness). Das Unternehmen erreicht diese durch lustige Werbespots, elektronische Postkarten oder auch kleinere Spiele. Der Kunde sollte dabei stets, aber vor allem unbewusst, mit dem Unternehmen oder der Marke in Verbindung gebracht werden. Der Vorteil liegt darin, dass eine breite Masse erreicht werden kann. Der Kunde selbst kann motiviert sein, dieses teilbare Erlebnis weiterzuempfehlen oder auch nicht. Die größte Motivation, die für den Kunden dahinter steckt, ist meist der Spaß- oder auch Schockfaktor. An etwas lustigem oder schockierendem sollen viele Menschen in einem Umfeld teilhaben, womit der Kunde den Stein ins Rollen bringt, und die Information bzw. das Gut weiterleitet/-empfiehlt.

Ein zweites wichtiges Ziel ist die Gewinnung von Kundeninformationen. Unternehmen evaluieren so Kundendaten, die sie für weitere Marketingzwecke (Sonderangebote, Newsletter u.a.) oder auch für die Ausbreitung eines neuen Virus verwenden können. Fast immer müssen Kunden, die ein Produkt/einen Spot downloaden oder sonstige Informationen erhalten wollen, zumindest eine E-Mail Adresse, meist aber auch die komplette Anschrift angeben. Mit eingebaut ist dabei auch die klassische Tücke der Unternehmen, dass ein Newsletter mit abonniert wird, wenn man nicht an der entsprechenden Stelle den Haken aus dem Formular entfernt. Die Motivation, das Kampagnengut weiter zu empfehlen ist hoch, da die Opportunitätskosten im Verhältnis zum Erlebnis als gering anzusehen sind!

---

25 Vgl. Langner (2005), S. 57 f.

Ein letztes wichtiges Ziel ist der Leistungserwerb, also die Steigerung von Produktverkäufen. Ein vom Unternehmen bereitgestelltes kostenloses Angebot, soll dem Kunden ein Anreiz sein, ein leistungsstärkeres oder -umfassenderes Angebot wahrzunehmen. Bekannteste Beispiele sind hier die Anbieter der vielen Freemail-Dienste. Bei fast allen ist es möglich, eine kostenlose E-Mail Adresse zu beziehen. Findet man dann Gefallen am Service oder möchte bzw. muss den Umfang des Angebots erhöhen, ist diese zusätzliche Möglichkeit dann aber kostenpflichtig (so genannte Premium-Dienste). Ein anderes Beispiel sind Demos oder Shareware von PC-Programmen, die nach einer bestimmten (Test-)Dauer gegen Entgelt freigeschaltet werden müssen, um sie weiterhin (in vollem Umfang) nutzen zu können. Der Kunde ist hier in erster Linie motiviert, ein gutes Programm oder einen komfortablen Dienst weiter zu empfehlen. Aber bei den Freemail-Anbietern wird diese Motivation meist vom Unternehmen selbst übernommen, in dem am Ende jeder E-Mail eine Zeile darauf verweist, dass man doch selber ein Konto bei dem jeweiligen Anbieter eröffnen solle (Für ein Beispiel siehe Kap. 3: Case study von Hotmail, S.24).

Da nun aber die Kontrolle eines Virus für das Unternehmen schwer bis gar nicht gegeben ist, muss die verfolgte Zielgruppe vorher gut definiert sein. Der Kommunikator, also die Person, die den Virus als erstes zur Verbreitung erhält, ist ausschlaggebend dafür, ob die Kampagne sich ausbreitet oder nicht. Man sollte sich an den Interessen der Zielgruppe orientieren, aber auch Mut beweisen, etwas Ausgefallenes, den Kunden vielleicht nicht offensichtlich ansprechendes zu verbreiten.

2.7   Vor- und Nachteile

Das Viral-Marketing kann nun aber für Unternehmen sowohl ein Segen, aber auch ein Fluch sein. Es ist also immer ein Experiment, sowohl mit Chancen als auch Gefahren.

Durch die oben beschriebenen Formen besteht kein Zweifel darin, dass dieses Marketinginstrument absolut *kostengünstig* ist. Die Ausgaben halten sich, vor allem im Vergleich zu traditionellen Werbemaßnahmen, in Grenzen. Dieser Vorteil ist bei Unternehmensgründungen in der Internetökonomie sehr gut zu erkennen, da sie meist zu Beginn geringe finanzielle Mittel besitzen, und mit einer viralen Kampagne ihr anzubietendes Gut kostengünstig und effektiv auf den Markt bringen können.

Ein weiterer großer Vorteil liegt in dem *Verbreitungspotential*. Das Internet führt mit seinen Netzwerkeffekten und geringen Marktbarrieren zu einer Einfachheit der Art, dass eine unbegrenzte Anzahl an Menschen in kürzester Zeit erreichbar ist.

Dadurch, dass das Viral-Marketing eine Erweiterung der traditionellen Mund-zu-Mund-Propaganda ist, liegt auch ein Vorteil in der *Glaubwürdigkeit*. Dieser Aspekt ist dafür verantwortlich, dass sich der Virus überhaupt erst ausbreitet. Denn bekommt man etwas von einem Bekannten oder Freund empfohlen, dann pflegt man zu allererst den Gedanken, dass einem selber ein Mehrwert oder hoher Nutzen entsteht. Die Botschaft wird sofort in Verbindung zu der persönlichen Beziehung gesetzt. Dies gilt sowohl für positive als auch vor allem für negative Informationen, welche in der Regel an mehr Menschen verbreitet werden.

Für ein Unternehmen stellen sich die *Effektivität* und das günstige *Kosten-Nutzen-Verhältnis* sehr positiv heraus. Mit einem geringen Werbebudget kann trotzdem eine exponentielle Verbreitung der Werbebotschaft erreicht werden.

Dem gegenüber dürfen die Nachteile oder auch Gefahren des Viral-Marketing nie aus dem Auge gelassen werden und sind deshalb stets zu berücksichtigen. Das schwierigste Problem liegt in der *Planung* und *Kontrollierbarkeit*. Ist der Virus erst einmal auf die Menschen übertragen worden, ist es für ein Unternehmen fast unmöglich, eine Kampagne inhaltlich zu kontrollieren oder sogar ganz zu stoppen. In der „realen Welt" ist es zum Beispiel einfach, eine misslungene Plakatwerbung schnell aus dem Verkehr zu ziehen. Im Internet ist nicht bekannt, wen die Kampagne alles erreicht hat, und ob der Effekt positiv oder negativ war. Es sind viele Möglichkeiten denkbar, in denen Informationen manipuliert oder einfach falsch weitergegeben werden.

Dabei kann auch das *unkontrollierbare Wachstum* ein Problem darstellen. Durch eine virale Kampagne kann es vorkommen, dass ein Unternehmen seine komplette Marketing-Strategie umstrukturieren muss. Die Notwendigkeit besteht, sollte sich der Virus außerhalb der Zielgruppe verbreiten. Dies wird am Beispiel von Hotmail deutlich: Das Unternehmen war urplötzlich in Indien Marktführer, obwohl dort niemals Werbung gemacht oder überhaupt daran gedacht wurde, dort in den Markt einzutreten. Für Hotmail stellte dies aufgrund der Struktur der Firma kein Problem dar, für andere Unternehmen könnte es aber durchaus der Fall sein. Für ein Unternehmen ist es auch nicht kontrollierbar, ob ein User nun den zu bewerbenden Dienst auf Grund der gestarteten Kampagne wahrgenommen hat oder aus irgendwelchen anderen Gründen.

Ein weiteres Problem entsteht durch die Popularität des Viral-Marketing. Die dadurch weiter anwachsende *E-Mail-Flut* erwirkt einen Streuverlust, der mit dieser Masse verknüpft ist. Dem potentiellen Kunden wird es dabei nicht leicht gemacht, zwischen einer Spam-Mail und einer Mail mit einem für ihn gedachten hohen Nutzenwert zu unterscheiden. Erkennt der User dabei auch, dass er als Marketing-Mitarbeiter des Unternehmens ausgenutzt wird, sinkt die Bereitschaft zur Weiterempfehlung des Kampagnengutes. Diese beiden Effekte bleiben schlussendlich an der Marke bzw. dem Unternehmen haften. Folgen können Imageschäden und die Vertreibung von Kunden sein. Ein Unternehmen kann somit ziemlich schnell im bzw. durch das Internet in den Ruin geführt werden. Als Ausläufer sind hier so genannte Hate-Sites oder Hate-Blogs zu nennen. Der User macht auf diesem Wege seinen negativen Assoziationen Luft.

Insgesamt ist festzuhalten, dass der Konsument seine durch das Internet erhaltene *Medienmacht* auch weiterhin ausbauen und nutzen wird. Wie oben beschrieben kann dies somit in Zukunft einen positiven aber auch negativen Effekt für Unternehmen nach sich ziehen.

3. Case Studies

Nachfolgend soll das Prinzip des Viral-Marketing an zwei Fallstudien veranschaulicht werden. Neben dem Beispiel von Hotmail.com, als Legende unter den Viral-Marketing-Kampagnen, folgt ein zweites, aktuelles Beispiel.

3.1 Hotmail.com – Als alles begann

„Die Voraussetzungen waren nicht gerade gut, als das Startup am 4. Juli 1998 online ging." [26]

Die Entrepreneure Bhatia und Smith verfolgten damals zwar eine innovative Idee, nämlich einen kostenlosen, werbefinanzierten E-Mail-Dienst, von der aber anfangs niemand so recht Notiz nahm. Erst als sie bei den Venture Capitalists von Draper Fisher Jurvetson (DFJ) vorsprachen, wurde ihre Idee in die Tat umgesetzt und mit 300.000 Dollar Grundkapital unterstützt. Für die Werbung dieses Dienstes wurden gerade einmal 50.000 US-Dollar ausgegeben. Somit sah die Zukunft für Hotmail nicht rosig aus.

Aber Tim Draper, Mitgeschäftsführer bei DFJ, konnte nach langen Diskussionen seinen Vorschlag durchsetzen, am Ende jeder versendeten E-Mail eine anklickbare URL einzubauen („Get Your Private, Free Email at http://www.hotmail.com").

---

26 o.V. (2001)

Die Gründer pflegten Bedenken, dass die User daraufhin den Dienst boykottieren würden, da nun jede Mail als Spam angesehen werden konnte. Weiterhin stellten sie in Frage, ob sich jeder Benutzer outen würde, diesen kostenlosen Dienst in Anspruch zu nehmen.

Allen Bedenken zum Trotz, war die Entwicklung von Hotmail.com einmalig. Innerhalb von sechs Monaten waren bereits eine Million User registriert. Erstaunlich ist vor allem, dass diese User nicht nur aus dem Heimatland Amerika kamen, sonder viele aus Schweden und Indien, wo Hotmail niemals Werbung für seinen Dienst gemacht hat, aber sofort zum Marktführer avancierte. Die Idee ging also auf.

Der Kunde wurde dazu genutzt, Werbung zu machen. Der E-Mail-Dienst wurde von User zu Freunden/Bekannten beworben und das mit dem nötigen Vertrauensvorschuss. Mit jeder E-Mail zeigten die User, dass man dem Dienst von Hotmail vertrauen kann, und der Empfänger es so auch mal ausprobieren sollte, da ja keine Kosten entstehen. Auch die Zielgruppe, bei der der Virus seine Ausbreitung beginnen sollte, war sorgsam gewählt. Es wurden in der Anfangsphase die kontaktfreudigen amerikanischen Studenten auserkoren. Am Ende der ersten Woche seiner Verbreitung, erreichte der Virus 1000 Studenten einer Universität und erfüllte damit die besten Voraussetzungen weitere Universitäten heimzusuchen. Der Virus verbreitete sich so von ganz alleine weiter.

3.2 Mag King Kong Pringles? – Ein kleines Werbespiel zum Kinostart des Remake eines Filmklassikers

Ein weiteres Beispiel für Viral-Marketing entwickelte die in England sitzende Firma inbox digital in Zusammenarbeit mit Pringles für das Remake des Films King Kong. Um den Film zu promoten (Kinostart war weltweit der 15.12.2005), entwarf die Firma ein kleines Onlinespiel. Dabei benötigten drei Mitarbeiter ungefähr acht Wochen bei Ausgaben zwischen 35.000 und 52.000 US-Dollar[27].

Das Spiel „Kong Jump" selber befindet sich in erster Linie auf der Seite der Firma Pringles (http://www.pringles.com/_kong/index.html). Bevor man auf der Pringles-Seite zum Spiel gelangt, ist der User aber zunächst gefragt eine Sprache und die Geschwindigkeit seiner Internetverbindung auszuwählen. Hierbei wird flexibel auf den „Kunden" eingegangen, indem mehrere Sprachen zur Auswahl stehen und sowohl User mit einer schnellen Verbindung als auch mit einem einfachen Modem die Seite effektiv erreichen können.
Anschließend befindet man sich auf der Hauptseite dieser Kampagne.

Abbildung V: Hauptseite zum Werbespiel von Pringles und King Kong[28]

---

27 Hyman (2005)
28 Procter & Gamble (2005)

Hier stehen dem User dann direkt einige Möglichkeiten zur Auswahl.

Ins Auge sticht vor allem zunächst die Pringles Dose. Klickt man diese an, kann man seinen Gewinn-Code von einer dieser Dosen eingeben, um an einem Gewinnspiel teilzunehmen.

Weiterhin kann man diese Seite an Freunde/Bekannte per elektronischer Postkarte weiterempfehlen. Dazu muss man auf den Briefumschlag klicken und anschließend ein Motiv für die Karte auswählen. Nach Eingabe eines persönlichen Textes und der E-Mail-Adresse des Empfängers, wird auch hier der Virus weiter verbreitet.

Die Kamera auf der rechten Seite ermöglicht dem User die aktuellen Kino-Trailer zum Film anzusehen.

Das Zeitungsblatt an dem Baum erinnert an den Kinostart, damit der User trotz des Spielspasses nicht vergisst, den Kinofilm zu sehen.

Die Box in der Mitte enthält so genannte "Goodies". Hier hat der User die Möglichkeit, sich für den heimischen Computer Hintergrundbilder und Bildschirmschoner herunterzuladen.

Zu guter letzt erkennt man noch die beiden Würfel am linken unteren Rand. Hier ist neben einem kleineren Spiel auch das Spiel der Firma inbox digital zu finden. Die Entwicklung war so rasant, dass es bereits in sechs Sprachen veröffentlicht wurde.

Ziel des Spiels ist es, Ann Darrow aus den Fängen von King Kong zu befreien. Dabei muss man in mehreren Levels Pringles Dosen ausweichen, die auf einem Baumstamm auf den „Helden" zugerollt kommen.

Abbildung VI: Screenshot aus dem Werbespiel von Pringles und King Kong[29]

Das Spiel registriert den erzielten Punktestand in einer Highscore-Liste und speichert die eigene Höchstpunktzahl für den nächsten Besuch der Seite ab. Der User kann entweder alleine spielen oder eine eigene Liga eröffnen, um sich dort mit Freunden zu messen. Also ein großer Anreiz für den Einzelnen, das Spiel weiterzuempfehlen.

Ein besonderer Anreiz wird aber für User aus England und Irland angeboten. Diese erhalten zusätzlich die Möglichkeit eine Reise zu den WETA-Studios in Neuseeland zu gewinnen, dort, wo der Film gedreht wurde.

Das Spiel selber kursierte wöchentlich unter den Top 3 auf http://www.viralchart.com, wobei die Messgröße in den Klicks pro Woche lag (gesamte Klicks bis zum Kinostart: über 1,3 Millionen, allein in der Woche des Kinostarts über 85.000[30]).

Diese Kampagne erfüllte alle Voraussetzungen einer Kampagne im Viral-Marketing.

---

29 Procter & Gamble (2005)
30 The Viral Chart

Egal, ob man sich auf der Seite befindet oder direkt im Spiel, eine Assoziation zu Pringles und King Kong besteht kontinuierlich. Aber trotzdem hat es inbox digital geschafft, ein Spiel zu entwickeln, dass sich in den Köpfen der User festsetzt, aber sie nicht denken lässt, Pringles will damit die Kaufzahlen zwingend erhöhen.

Der Anreiz zur Weiterempfehlung liegt vor allem darin, sich an anderen Menschen zu messen. Bei den Spielern setzt sich meist im Kopf fest, dass sie immer noch einmal spielen wollen, um doch noch mal besser zu werden.

Kosten entstehen für den User nicht. Im Gegensatz, für einen Teil der Nutzer wird auch ein Gewinnspiel angeboten.

Eine einfache und schnelle Übertragbarkeit ist gegeben, da man nur auf die Seite verlinken muss, aber auch zu jeder Zeit die Möglichkeit besteht, das Spiel an einen Freund weiter zu empfehlen.

Des Weiteren passt solch ein Spiel auch zu den jeweiligen Zielgruppen, sowohl von Pringles als auch vom Kinofilm.

Es bleibt festzuhalten, dass sich diese Kampagne für beide Partner gelohnt hat. Laut einem Artikel des Hollywood Reporters[31] erreichte das Spiel in den ersten drei Wochen 503.000 unterschiedliche Spieler aus mehr als 151 verschiedenen Ländern, welche das Spiel über eine Million Mal gespielt haben.
Für Pringles bedeutete dies ein Mehr an Besuchern, die von dieser Seite auf die Hauptseite von Pringles gelangten. Dieses Spiel, grundlegend nur für den Start des Kinofilms gedacht, hatte für Pringles aber solch einen Effekt, dass für sie bei diesem Erfolg nur die Erkenntnis blieb, auch in Zukunft verstärkt auf Werbespiele zu bauen[32].

---

31 Hyman (2005)
32 ebenda

31

4. Zusammenfassung und Ausblick

Viral-Marketing ist eines der effektivsten Instrumente im Marketing-Mix eines Unternehmens. Dem hohen Nutzen stehen niedrige bis gar keine Kosten gegenüber, somit für ein Unternehmen im Internetzeitalter äußerst lukrativ. Beachtet werden muss aber, dass eine virale Kampagne gut vorbereitet gestartet werden sollte. Ist dies der Fall, dann ist das Viral-Marketing ein Juwel für ein Unternehmen; mit wenig Aufwand kann viel Ertrag erreicht werden. Denn dann wird der Virus in einer pyramidenartigen Verbreitung seinen Weg im Internet ebnen. Sollte die Vorbereitung aber nicht gewissenhaft betrieben werden, kann eine gut gemeinte Kampagne auch genauso gut in die entgegengesetzte Richtung laufen, und dem Unternehmen ein Fluch sein.

Die Unternehmen müssen darauf achten, dass sie sich intensiv mit der ihnen umgebenden Mund-zu-Mund-Propaganda auseinander zu setzen haben.

Es können zwei Gründe angeführt werden, warum das Viral-Marketing auch weiterhin an Bedeutung gewinnen wird: Ein Grund ist in der immer noch ansteigenden Benutzung des Internets zu sehen. Immer mehr Menschen wird es in Zukunft möglich sein einen Internetanschluss zu besitzen. Hinzu kommt die voranschreitende Entwicklung der Informationstechnologie. Hier ist vor allem die Entwicklung zum Interactive TV zu nennen. In geraumer Zukunft werden so die Informationen, die nachgefragt werden, in das Wohnzimmer des Menschen geleitet, der in aller Ruhe auf dem Sofa sitzt und am Fernseher im Internet surfen kann.

Ein zweiter Grund ist der Kostenfaktor für neu gegründete Unternehmen im Internet. Diese meist kleinen Firmen verfügen nur über ein geringes Werbebudget. Für sie stellt das Viral-Marketing eine große Chance dar, in der immer unübersichtlicheren Landschaft des Internets ihre Produkte an den Kunden zu bringen bzw. zuerst einmal Aufmerksamkeit zu wecken.

Es ist festzuhalten, dass das Viral-Marketing durch die weiter ansteigende Informationsüberflutung im Internet ein Bestandteil der menschlichen Kommunikation bleiben, und somit von Unternehmen weiterhin genutzt werden wird.

Literaturverzeichnis

Fritz, Wolfgang (2004), Internet Marketing und Electronic Commerce, 3. Aufl., Wiesbaden

GfK Marktforschung AG Bereich Online Research (2005), Marktforschungsstudie zur Nutzung alternativer Werbeformen, in : http://www.robertundhorst.de/v2/img/pressemitteilung/webg_gfk.pdf , S. 7 Zugriff am 16. Dezember 2005

Godin, Seth (2000), Unleashing the Ideavirus, 1. Aufl., New York

Hünerberg, Reinhard et. al. (1996), Handbuch Online M@rketing, 1.Aufl., Landsberg/Lech

Hyman, Paul (2005), Sponsors go ape over advergames, Online-Publikation in: http://www.hollywoodreporter.com/thr/columns/video_games_display.jsp?vnu _content_id=1001523697 Zugriff am 27. November 2005

Kollmann, Tobias (2001), Viral Marketing – ein Kommunikationskonzept für virtuelle Communities in: Mertens, K./Zimmermann, R. (Hrsg.): Handbuch der Unternehmenskommunikation, Neuwied, S. 60-66

Kollmann, Tobias (2002), E-Venture - Unternehmensgründung im Electronic Business, in: Weiber, R. (Hrsg.): Handbuch Electronic Business, 2. Auflage, Wiesbaden, S. 883-907

Kollmann, Tobias (2004), E-Venture: Grundlagen der Unternehmensgründung in der Net Economy, 1. Aufl., Wiesbaden, S. 5

Langner, Sascha (2005), Viral Marketing, 1. Aufl., Wiesbaden

Meffert, Heribert (2005), Marketing, 9. Aufl., Wiesbaden, S.5

Nieschlag, Robert et. al. (1994), Marketing, 17. Aufl., Berlin, S. 3

o.V. (2001), Mythos Hotmail, Online-Publikation in: http://www.vm-people.de/de/vmknowledge/casestudies/casestudies_detail.php?id=4 Zugriff am 15. November 2005

o.V. (Stand 2005), Ein kleiner Leitfaden zur Manipulation von Suchergebnissen, Online-Publikation in: http://www.linksandlaw.de/suchmaschinen-leitfaden-zur-Manipulation-von-Suchergebnissen.htm, Zugriff am 17 Dezember 2005

o.V. (Stand Oktober 2005), Guerilla Marketing Historie, in: http://www.guerilla-marketing-portal.de/doks/pdf/GMP_Historie_10-2005.pdf, Zugriff am 28. Oktober 2005

Procter & Gamble (2005) http://www.pringles.com/_kong/index.html; zuerst „United Kingdom", anschließend „Pringles find Kong" auswählen. Cincinnati, Zugriff am 7. November 2005

Riemer, Kai/Totz, Carsten (2002): Virales Marketing - Eine Werbebotschaft breitet sich aus, Online-Publikation in: www.firstsurf.de/riemer0233_t.htm, Zugriff am 15. November 2005

The Viral Chart (2005) http://www.viralchart.com, London, Stand: 15. Dezember 2005

Weiber, Rolf/Kollmann, Tobias (1998), Competitive advantages in virtual markets – perspectives of „information-based-marketing" in cyberspace, in: Europe Journal of Marketing, Nr 7/8, Vol.32, S. 608

Wilson, Ralph F. (2000), The Six Simple Principles of Viral Marketing Online-Publikation in: http://www.wilsonweb.com/wmt5/viral-principles.htm, Zugriff am 22. November 2005

Wirtz, Bernd W. (2002), Gabler Kompakt-Lexikon eBusiness, 1. Aufl., Wiesbaden